AF477407

New ♦ Nouveau Brunswick

3/14

New ♦ Nouveau Brunswick

Sherman Hines

Foreward by/Préface de:
Arthur Doyle

Nimbus Publishing Limited

Nimbus Publishing Limited
P.O. Box 9301, Station A,
Halifax, Nova Scotia
B3K 5N5
Nimbus Publishing Lteé
C.P. 9301, succursale A
Halifax, Nouvelle-Écosse
B3K 5N5

CANADIAN CATALOGUING IN PUBLICATION DATA
DONNÉES DE CATALOGAGE AVANT PUBLICATION (CANADA)
Hines, Sherman, 1941-
New Brunswick/Nouveau-Brunswick
ISBN 0-921054-22-X
1. New/Nouveau-Brunswick — Description and travel/Description et voyages - 1981 - Views/Vues.*
1. Title/Titre

FC2462.H56 1989   971.5'04'0222   C89-098516-2
F1042.8.H56 1989

Printed and bound in Hongkong.
Imprimé et relié à Hongkong.

Foreword

A place between earth and sky — eternal as the waters that wash its sides and line its face; unmoved as its hills, "rock-ribbed and ancient as the sun." A place ever changing, indefinably, as time changes a lovely woman's face, yet leaves her lovely still. Suspended between a surface of rock and a canopy of sky, the Province poses in infinite postures for painter and photographer alike.

The eons which formed its face are recorded in chasms once filled by raging torrents but reduced to placid flowing streams; in the residue of ancient forests buried in coal seam and peat bog; and in the rocky bastions of the coast, weathered to shingle and scree, then polished or ground to sand by the endless patience of the sea.

New Brunswick is a land of waters, shaped like a huge quilt, its pieces basted by rivers, stitched by a thousand brooks, one side hemmed by the forest and three by the sea. The worn down descendants of the once great hills still dip, almost vertically, into white waters that challenge salmon and trout. Rains spread their crumbled slopes to form alluvial plains, meadows, and stretches of interval; and the great rivers, bearing still more, dropped their burden of silt to make swampland and dikeland and river-islands.

In New Brunswick's sky, where the icy Arctic air mixes and mingles with the hot blasts from the southwest, the patterns of colour and shade, of brilliance and gloom, perpetually astonish. It is this play of light, projected upon the varied texture of the earth beneath that is the untiring delight of the eye of man and of camera.

This place between earth and sky — this surface of land and water, has attracted inhabitants as varied as its layered landscapes. It has been part of New France, of Acadia, and of Nova Scotia; but for King George III's distaste for the Irish, it might have been called New Ireland; once serving no master, it was named Alexandria; later, because of the Hanoverian dynasty, it came to be called New Brunswick.

Four centuries of continuous settlement by various Europeans gave it its multi-cultural flavour. First came the Acadians, mainly Nordics, whose ancestors peopled the western shores of France early in the Christian era and who, pressed by the harshness of feudal landlords, sought land and freedom beyond the Atlantic. Expelled for political reasons from their first settlement in peninsular Nova Scotia, they came first to the St. John Valley, then to the North Shore (so called because it had once been part of the north shore of Nova Scotia). Communities from Campbellton to Shediac still reflect the Acadian cultural history in colourfully painted houses, stately churches and traditional festivals. Their way of life is now authentically condensed in a restored Acadian Village, a striking reminder of their own and of our Province's past.

Second came the Loyalists, those whose attachment to things British opposed the birth of a new nation during the 1770s and, unable to stem the tide, were forced to flee.

A disparate group themselves, the Loyalists brought a mixture of English New Englanders, Scotch, Irish, Dutch, Negroes, as well as a number of German soldiers, who left their posts in Britain's army for a home in the New World. Rich and poor, educated and illiterate, solid citizens and shameless scoundrels, they came to what is now New Brunswick in 1783. Settling mainly on the banks of the St. John and its tributaries some ventured deep into Carleton and Northumberland Counties; the Scots, who had already closed ranks in New England, settled much of Charlotte.

The newcomers found the Old Comers already established in farms along the Saint John. They had arrived 20 years earlier in the wake of New England traders, and their presence and influence is still a largely unwritten chapter of our history.

But the largest in number by far were the immigrants from the Northern Counties of Old Ireland: tradesmen, skilled craftsmen and teachers who arrived in the mid 1840s; and later, during the potato-famine years of 1845-47, came a flood of Irish from the Southern Counties.

Over the years others have come: Yorkshiremen to Westmorland in the late 1750s; Scots to the coast of Kent; more Scots, to York County north, and to York County south; Danes to Victoria; Welsh to Cardigan near Fredericton; Jersey Islanders to the Chaleur shore; and with the end of World War II, Dutch and Germans who, even today, are reviving the farmlands of the St. John Valley.

This procession of people cleared the land and built upon it. Their works now occupy the space between earth and sky reserved for them when time began. This gentle blending is the visual treasure to be discovered by painters, poets and travellers, and a focal point as well, for that special artist who travels the land with camera in hand.

Arthur T. Doyle
Fredericton

Préface

Entre terre et ciel — aussi éternel que les eaux venant inonder ses flancs et marquer ses traits, aussi imperturbable que ses collines "aux flancs rocheux, aussi anciennes que le soleil". Changeant constamment, très subtilement, comme le joli visage d'une femme que les ans laisseront aussi belle. Entre ce sol rocheux et cette voûte céleste, cette province offre ses mille visages au peintre et au photographe.

La nature est le témoin du façonnement de cette province au cours des âges. Ce sont les larges cours d'eau tranquille jadis torrents furieux parcourant les abîmes; ce sont les couches de charbon et les tourbières, résidus de ces forêts anciennes enterrées; c'est ce sable de nos côtes, fruit du patient travail de la mer polissant et moulant les galets et les éboulis effrités des bastions rocheux.

L'eau est partout présente au Nouveau-Brunswick, ce pays semblable à une immense courtepointe aux pièces faufilées par les rivières, cousues par des milliers de ruisseaux, dont trois bords sont ourlés par la forêt et le quatrième par la mer. Malgré l'érosion, les plus grandes et imposantes collines des anciens temps plongent toujours leurs flancs à pic dans ces eaux blanches qui défient le saumon et la truite. Les pluies ont étalé leurs pentes effritées pour former les plaines alluviales, les prairies et les vastes espaces; et les grands fleuves, charriant encore plus, ont déposé leurs charges de limon pour former les marécages, les fossés et les îlots.

Dans le ciel du Nouveau-Brunswick où le souffle glacé arctique rencontre les chaudes rafales du sud-ouest, les gammes de couleurs et d'ombres, de lumière et d'obscurité ne cessent d'émerveiller. C'est ce jeu de lumières projeté sur ce relief si varié qui fait le délice inlassable de l'oeil humain et de l'objectif d'un appareil photo.

Entre terre et ciel — cette étendue d'eau et de terre si diversifiée a attiré une population tout aussi variée. Cette province a fait partie de la Nouvelle-France, de l'Acadie, et de la Nouvelle-Écosse; si le roi George III avait eu moins de dédain pour les Irlandais, elle aurait pu s'appeler

Nouvelle-Irlande; n'ayant aucun maître à servir elle fut nommée Alexandria; finalement, c'est sous la dynastie des Hanovre qu'elle fut appelée Nouveau-Brunswick.

Les quatre siècles de colonisation européenne sont à l'origine de la variété multiculturelle et ont vu arriver de nombreuses familles de toute origine — certaines en nombre suffisant pour pouvoir encore les identifier et d'autres plus restreintes qui ont été entièrement assimilées par les autres.

Les Acadiens furent les premiers venus, des nordiques principalement dont les ancêtres avaient peuplé la côte ouest de la France au début de l'ère chrétienne et qui, harcelés par la sévérité de leurs seigneurs féodaux, étaient allés chercher terre et liberté au-delà de l'Atlantique. Chassés pour des raisons politiques de leur premier camp établi dans la Nouvelle-Écosse péninsulaire, ils se rendirent d'abord dans la vallée du Saint-Jean, puis sur la côte Nord (appelée ainsi parce qu'elle faisait autrefois partie du nord de la Nouvelle-Écosse). De nos jours, les communautés de Campbellton à Shediac reflètent leur passé culturel et historique avec leurs maisons aux couleurs vives, leurs imposantes églises et leurs célébrations. Le mode de vie des Acadiens est maintenant authentiquement présenté dans un village acadien restauré, témoignage frappant de leur propre passé ainsi que de celui de notre province.

Les loyalistes arrivèrent en second, leur attachement à l'Angleterre les opposait durant les années 1770 à la naissance d'une nation nouvelle qu'ils durent fuir ne pouvant contenir les événements.

Constitué également de façon disparate, ce groupe de loyalistes amena avec lui des gens de toute origine, Anglais de Nouvelle-Angleterre, Écossais, Hollandais, Noirs, ainsi qu'un certain nombre de soldats allemands qui avaient quitté leurs postes dans l'armée anglaise et étaient venus chercher fortune au Nouveau Monde. Riches et pauvres, éduqués et illettrés, bons citoyens et crapules éhontées, tous arrivèrent dans ce Nouveau-Brunswick de 1783. Principalement établis sur les rives du Saint-Jean et ses affluents, certains s'aventurèrent dans les comtés de Carleton et de Northumberland; les Écossais qui s'étaient déjà bien établis en Nouvelle-Angleterre ont peuplé la plus grande partie de Charlotte.

Les nouveaux venus trouvèrent les anciens déjà bien installés dans des fermes le long du Saint-Jean. Ils étaient arrivés vingt ans plus tôt avec les marchands de la Nouvelle-Angleterre et leur présence et influence constituent encore un chapitre important de notre histoire à écrire.

Les plus nombreux furent de loin les immigrants des pays du nord de la vieille Irlande; des marchands, des artisans habiles et des instituteurs qui arrivèrent au milieu des années 1840; plus tard, durant la famine causée par la pénurie de pommes de terre en 1845-47, une multitude d'Irlandais vinrent des pays du sud.

Bien d'autres arrivèrent au fil des ans: ceux du Yorkshire au Westmorland à la fin des années 1750; des Écossais sur la côte de Kent; davantage d'Écossais dans le comté de York nord et dans celui du sud; des Danois à Victoria; des Gallois à Cardigan près de Fredericton; des immigrants de l'île Jersey sur la côte de Chaleur; et à la fin de la seconde guerre mondiale, des Hollandais et des Allemands qui, encore de nos jours, font revivre les terres arables de la vallée du Saint-Jean.

Ce défilé d'humains a dégagé la terre sur laquelle ils ont construit. Leurs travaux occupent maintenant cet espace entre terre et ciel qui leur est réservé depuis le début. Ce délicat mélange est le trésor visuel que le peintre, le poète et le voyageur doivent découvrir et constitue un point focal pour l'artisan qui parcourt ce pays appareil photo en main.

Stairway, Legislative Building, Fredericton.

Les escaliers du parlement, Fredericton.

Previous page: One of New Brunswick's few remaining covered bridges, near Sackville.

Page précédente: L'un des derniers ponts couverts du Nouveau-Brunswick, près de Sackville.

Legislative Building, Fredericton.

L'édifice du parlement, Fredericton.

Sheep grazing near Edmunston.

Brebis au pâturage, près d'Edmunston.

Left: Field of dandelions near Chatham.

Gauche: Champ de pissenlits, près de Chatham.

Little Tobique River.
La petite rivière Tobique.

Right: Ferns, Plaster Rock.
Droite: Fougères à Plaster Rock.

Lupins, Grand Manan Island.

Des lupins, île du Grand Manan.

Field of Lupins near St. Andrews.

Champ de lupins, près de St. Andrews.

GREENOCK
FINISHED

Ste.-Anne-de-Madawaska.

Left: Greenock Church, St. Andrews.

Gauche: L'église Greenock, St. Andrews.

Bulrushes, Campbellton.

Des joncs, Campbellton.

Left: Rock formation, Grand Manan Island.

Gauche: Formation rocheuse, île du Grand Manan.

Overleaf: Caraquet fishing fleet.

Page suivante: Flottille de pêche, Caraquet.

6719
TURBO POWER

Lighthouse with cemetery, Shippagan.

Phare et cimetière à Shippagan.

PHILIPPE PIERRE
CARAQUET NB
SERGE-RENE
150455
LINDSAY-NO
ELLIOTT II
151846

Shippagan.

Winter scene, Havelock.

Scène d'hiver, Havelock.

Left: Hilltop home, Woodstock.

Gauche: Maison perchée sur la colline, Woodstock.

Saint John City Market.

Le marché de Saint-Jean.

Left: Butcher, Saint John City Market.

Gauche: Boucher au marché de Saint-Jean.

Overleaf: City Hall, Phoenix Square, Fredericton.

Page suivante: L'Hôtel de ville, Phoenix Square, Fredericton.

QUEEN ST

Previous page: Christ Church, Bloomfield Station.

Page précédente: L'église Christ Church, Bloomfield Station.

Above: Beaverbrook Art Gallery.

Haut: La galerie d'art Beaverbrook

Right: "Awakening" by Marie Helene Allain, Beaverbrook Art Gallery.

Droite: "Awakening" (réveil) par Marie Helene Allain, galerie d'art Beaverbrook.

Rock formations along the Fundy coastline.
Formations rocheuses sur le littoral de Fundy.

Homes along the Trans-Canada Highway.
Habitations le long de la Transcanadienne.

Overleaf: Working fleet, Grand Manan Island.

Page suivante: Bateaux à l'ouvrage, île du Grand Manan.

Woman spinning, Acadian Village, Caraquet.
Une fileuse, village historique acadien de Caraquet.

Right: Sheep pen, Doaktown Museum.
Droite: Un enclos à brebis, musée de Doaktown.

Fishing fleet, North Head, Grand Manan Island.
Flottille de pêche à North Head, île du Grand Manan.

Left: Swallowtail Light, Grand Manan Island.
Gauche: Le phare Swallowtail, île du Grand Manan.

NEW BRUNSWICK
JUSTICE
1930
PROVINCIAL COURTS
ENTRANCE
ENTRÉE DES
COURS PROVINCIALES

Drawing room, Lieutenant Governor's residence, Fredericton.

Le grand salon de la résidence du lieutenant gouverneur, Fredericton.

Left: Justice Building, Fredericton.

Gauche: Le palais de justice, Fredericton.

Kennebecasis River.

La rivière Kennebecasis.

Right: Atlantic Puffin near Grand Manan Island.

Droite: Macareux de l'Atlantique, près de l'île du Grand Manan.

The Immaculate Conception Parish, Pokemouche.

La paroisse de l'Immaculée Conception, Pokemouche.

Sheets in the wind, North Head, Grand Manan Island.
Draps séchant au vent, North Head, île du Grand Manan.

EIGHTON-CARTER LTD
UTOMOTIVE SUPPLIES
UAP
ASSOCIATE
HONDA

St. Stephen.

King Street, Saint John.
La rue King à Saint-Jean.

Dulse drying in the sun, Grand Manan Island.
Rhodymenia séchant au soleil, île du Grand Manan.

Right: Farmer, Kings Landing Historical Settlement.
Droite: Un fermier, colonie historique de Kings Landing.

Overleaf: New Brunswick Museum, Saint John.
Page suivante: Musée du Nouveau-Brunswick, Saint-Jean.

ECCLESIASTICUS
Elizabeth Lamb

Fundy Park coastline.

La côte, parc national de Fundy.

Left: Ice formation, Tantramar Marsh.

Gauche: Formation de glace, marais de Tantramar.

McConnell Hall, University of New Brunswick, Fredericton.

La salle McConnell, université du Nouveau-Brunswick, Fredericton.

Fred Clarke, Film maker.

Le cinéaste Fred Clarke.

Potato fields, near Edmunston.

Champs de pommes de terre, près d'Edmunston.

David Kileel stud farm, near Fredericton.

L'haras David Kileel, près de Fredericton.

Prince William Street, Saint John.

La rue Prince William à Saint-Jean.

King Street, Saint John.

La rue King à Saint-Jean.

Pottery, Fredericton.

Poteries, Fredericton.

Right: University of New Brunswcik campus, Fredericton.

Droite: Le campus de l'université du Nouveau-Brunswick, Fredericton.

Shoreline, Grand Manan Island.

Le rivage, île du Grand Manan.

Seaplane, Saint John River, Fredericton.

Un hydravion sur le Saint-Jean, Fredericton.

Overleaf: Swallowtail Light, North Head, Grand Manan Island.

Page suivante: Le phare Swallowtail, North Head, île du Grand Manan.

Tantramar Marsh.

Les marais de Tantramar.

Left: Gobblers, Acadian Village, Caraquet.

Gauche: Des dindons, village historique acadien de Caraquet.

Weir fishing, near Dark Harbour, Grand Manan Island.

Pêche sur le barrage, près de Dark Harbour, île du Grand Manan.

Left: Coast near Seal Cove.

Gauche: La côte, près de Seal Cove.

Woman with yoke, Kings Landing Historical Settlement.

Une femme avec un joug, colonie historique de Kings Landing.

Water powered sawmill, Kings Landing Historical Settlement.

Une scierie et sa roue à aubes, colonie historique de Kings Landing.

Aerial view of Fredericton and the Saint John River.
Vue aérienne de Fredericton et du Saint-Jean.

Right: Dome, Legislative Assembly Building, Fredericton.
Droite: Dôme du parlement, Fredericton.

Reversing Falls, Saint John.

Les chutes réversibles à Saint-Jean.

Left: Covered bridge near Sackville.

Gauche: Pont couvert, près de Sackville.

Fundy Shore.

Le rivage de Fundy.

Blue Heron in Salt Marsh.
Héron blue dans les marais salants.

Farm, Havelock.

Une ferme, Havelock.

Hayfield near Sussex.

Champ de foin, près de Sussex.

Overleaf: Dark Harbour fishing weirs, Grand Manan Island.

Page suivante: Barrages de pêche, Dark Harbour, île du Grand Manan.

Logging, Grand Falls.

La coupe du bois, Grand Falls.

Woodsheds, Robinsonville

Hangars à bois, Robinsonville.

Graveyard, Ste. Anne.

Cimetière, Sainte-Anne.

Beaverbrook Art Gallery, Fredericton.

La galerie d'art Beaverbrook.

Left: "Leopard," sculpture by Jonathan Kenworthy, Beaverbrook Art Gallery, Fredericton.

Gauche: "Leopard," sculpture de Jonathan Kenworthy, galerie d'art Beaverbrook, Fredericton.

Sunset, Dark Harbour, Grand Manan Island.

Coucher de soleil, Dark Harbour, île du Grand Manan.

Right: Weir fishing, Bay of Fundy.

Droite: Pêche sur le barrage, baie de Fundy.

Anchors, Market Square, Saint John.
Des ancres, Market Square, Saint-Jean.

Left: Blacksmith, Kings Landing Historical Settlement.
Gauche: Forgeron, colonie historique de Kings Landing.

Marathon Inn, Grand Manan Island.

L'auberge Marathon, île du Grand Manan.

Right: National Exhibition Centre and New Brunswick Sports Hall of Fame, Fredericton.

Droite: Le parc des expositions et le temple de la renomée des sports, Fredericton.

University of New Brunswick campus, Fredericton.

Le campus de l'université du Nouveau-Brunswick, Fredericton.

RCMP headquarters, Fredericton.

Le quartier général de la GRC, Fredericton.

Overleaf: The wharf at Tabusintac.

Page suivante: Le quai à Tabusintac.

North Head Wharf, Grand Manan Island.
Le quai de North Head, île du Grand Manan.

Shipping, Baie des Chaleurs.

Bateaux de commerce, Baie des Chaleurs.

Kings Head Inn, Kings Landing Historical Settlement.

L'auberge Kings Head, colonie historique de Kings Landing.

Cutting firewood, Kings Landing Historical Settlement.

La coupe du bois de chauffe, colonie historique de Kings Landing.

Rock formation along the Fundy coast.

Formation rocheuse sur la côte de Fundy.

Left: Shoreline, Fundy National Park.

Gauche: Le rivage, parc national de Fundy.

The Playhouse, Fredericton.

Le théâtre, Fredericton.

Right: Christ Church Cathedral, Fredericton.

Droite: La cathédrale Christ Church, Fredericton.

Sunset over Sackville.

Couchel de soleil sur Sackville.

Farmlands near Sackville.

Terres cultivées, près de Sackville.

Village of Havelock.

Le village de Havelock.

Left: Brook near Hartland.

Gauche: Ruisseau, près de Hartland.

House in winter, Kings County.

Une maison l'hiver, comté de Kings.

Barns in winter, Kings County.

Des granges l'hiver, comté de Kings.

Overleaf: Gothic Revival architecture, Grand Manan Island.

Page suivante: Architecture de style renouveau ghotique, île du Grand Manan.

Swallowtail Light, Grand Manan Island.

Le phare Swallowtail, île du Grand Manan.

Sailboat on the Kennebecasis River.

Voilier sur la rivière Kennebecasis.

Shepherdess, Acadian Historial Village, Caraquet.
Bergère au village historique acadien de Caraquet.

Woman with basket, Acadian Historical Village, Caraquet.
Femme au panier, village historique acadien de Caraquet.

Reflections, Tantramar.

Réflexions, Tantramar.

Swallowtail Light, Grand Manan Island.

Le phare Swallowtail, île du Grand Manan.

Kings Landing Historical Settlement.

La colonie historique de Kings Landing.

Left: Yardage of Linen and Lace, New Brunswick Museum, Saint John.

Gauche: Étalage de linge et de dentelle, musée du Nouveau-Brunswick, Saint-Jean.

Overleaf: Winter, Saint John River, Hartland.

Page suivante: L'hiver sur le Saint-Jean, Hartland.